DEN ULTIMATIV BOTANISKE COCKTAIL GABAY

100 hurtige og nemme have-til-glas drikkevarer

Ole Samuelsson

Copyright materiale ©2024

Alle rettigheder forbeholdes

Ingen del af denne bog må bruges eller transmitteres i nogen form eller på nogen måde uden korrekt skriftligt samtykke fra udgiveren og copyright-indehaveren, bortset fra korte citater brugt i en anmeldelse. Denne bog bør ikke betragtes som en erstatning for medicinsk, juridisk eller anden professionel rådgivning.

INDHOLDSFORTEGNELSE

INDHOLDSFORTEGNELSE **3**
INTRODUKTION **6**
VODKA **7**
   1. HVIDLØG-HABANERO VODKA 8
   2. LAVENDEL-ROSMARIN LIQUEUR 10
   3. FORFRISKENDE VANDMELON VODKA 12
   4. NØD LIKØR 14
   5. BANANLIKØR 16
   6. LAKRIDS LIKØR _ 18
   7. BLOMMELIKØR 20
   8. MANDARINLIKØR 22
   9. ALLEHÅNDE LIKØR 24
   10. LAVENDEL LIKØR _ 26
   11. GRØN TE LIKØR 28
   12. KANEL LIKØR 30
   13. VANILJE-KAFFE LIKØR 32
   14. MINT LIKØR 34
   15. SØD APPELSIN & NELLIKELIKØR 36
   16. SJORDBÆR OG LIMONCELLO 38
   17. VARM SMURT CIDER 40
   18. PEBERMYNTESNAPSLIKØR 42
   19. LIME LIKØR 44
   20. KRYDRET URTELIKØR 46
   21. ANANAS VODKA LIKØR 48
   22. HINDBÆR INFUNDERET VODKA 50
   23. PAPAYA LIKØR 52
   24. BLÅBÆR LIKØR 54
   25. CHOKOLADE LIKØR 56
   26. KOKOSLIKØR 58
   27. CURACAO LIKØR 60
   28. GRAPEFRUGTLIKØR 62
   29. HONNINGLIKØR 64
   30. TE LIKØR 66
   31. PEBERMYNTELIKØR 68
   32. ANGELICA LIKØR 70
   33. BLÅBÆR OG APPELSINLIKØR 72
   34. KOMMEN FRØ LIKØR 74
   35. ÆBLE VODKA LIKØR 76
   36. PHVER VODKA LIKØR 78
   37. AKVAVIT VODKA 80
   38. CITRON VODKA 82
   39. ORANGE BITTERE 84

40. Jordbær Vanilje Vodka 86
41. Citron Granatæblelikør _ 88
42. Brombær orange Infunderet Vodka 90
43. Skumfidus Vodka 92

TEQUILA 94
44. Citrongræs-ingefær likør 95
45. Margarita likør 97
46. Mexicansk tepunch 99
47. Jalapeño Citron Tequila 101
48. Ananas og Serrano tequila 103
49. Ingefær Citrongræs Tequila 105
50. Mandelguldlikør _ _ 107

RUM 109
51. Kaffe Likør 110
52. Banan og kokos likør 112
53. Krydret Rom 114
54. Jasmin te likør 116
55. Mokka fløde likør 118
56. svensk frugt i likør 120
57. Tranebær hjerteligt 122
58. Cremet romlikør 124
59. Ananas Rom 126
60. Citrus Sangria 128
61. Frugt Punch 130

WHISKEY 132
62. Citron Infunderet Bourbon 133
63. Bacon-infunderet gammeldags 135
64. Fersken- og kanellikør 137
65. Chokolade creme likør 139
66. Bing Cherry likør 141
67. Appelsin og honning likør _ 143
68. Jeg rish cream likør 145
69. Tranebær orange Whisky 147
70. Kaffe-vanilje Bourbon 149
71. Kirsebær-vanilje Bourbon 151
72. Æble-kanel Whisky 153
73. Vanilje Bønne Bourbon 155

GIN 157
74. Cajun martini 158
75. Tranebær gin 160
76. Pomander gin 162
77. Citron Ingefær Kardemomme Gin 164
78. Æble og Pære Gin 166

79. Grøn Te Gin 168
BRANDY 170
80. Mandarin appelsin Likør 171
81. Amaretto likør 173
82. Abrikoslikør 175
83. Hindbær likør 177
84. Æble kanel brandy 179
85. Californien æggesnaps 181
86. Kirsebær brandy 183
87. Mandellikør 185
88. Pærelikør 187
89. Ingefær Likør 189
90. Kaffe vanilje likør 191
91. Kardemomme-Fig Brandy 193
92. Blomme-kanel Brandy 195
93. Chai-pære Brandy 197
COGNAC 199
94. Grand appelsin-cognac likør 200
95. Friske figner curacao 202
96. Chai-infunderet Cognac 204
97. Kirsebær-infunderet cognac 206
98. Figen & Grand Marnier likør 208
99. Fersken Infunderet Cognac 210
100. Ananas Orange Bitters Likør 212
KONKLUSION 214

INTRODUKTION

Træd ind i den fortryllende verden, hvor de friskeste urter, frugter og botaniske vidundere samles for at skabe en symfoni af smag i " DEN ULTIMATIV BOTANISKE COCKTAIL GABAY". Denne guide er dit pas til riget af have-til-glas-mixologi, hvor vi inviterer dig til at udforske 100 hurtige og nemme opskrifter, der forvandler dine yndlingsspiritus til fængslende påfund.

I dette botaniske eventyr fejrer vi det pulserende skæringspunkt mellem natur og mixologi og viser, hvordan urter fra din have kan løfte dit cocktailspil til nye højder. Forestil dig de solbeskinnede eftermiddage, den blide brise, der bærer duften af blomstrende blomster, og klirren af isterninger i et glas fyldt med en havefrisk eliksir. Det er en sanseoplevelse, der går ud over det sædvanlige, og inviterer dig til at omfavne skønheden ved botaniske produkter i hver tår.

Uanset om du er en erfaren mixolog eller en hjemmebartender, der ønsker at tilføje et strejf af botanisk glans til dit repertoire, er denne guide designet til at inspirere og glæde. Fra klassiske kombinationer til innovative twists, hver opskrift er et vidnesbyrd om det kunstneriske af botaniske cocktails, hvilket gør dem tilgængelige for både nybegyndere og entusiaster.

Så tag fat i din mudder, vælg dine yndlingsurter, og lad os tage på en rejse med smag, aroma og visuel glæde, mens vi dykker ned i " DEN ULTIMATIV BOTANISKE COCKTAIL GABAY".

VODKA

1.Hvidløg-Habanero Vodka

INGREDIENSER:
- 1 habanero peber
- 1 hvidløgsløg, adskilt og pillet
- 750-milliliter flaske vodka

INSTRUKTIONER:
a) Læg hvidløg og habanero-peber i en Mason-krukke.
b) Fyld glasset med vodka. Luk og ryst godt.
c) Stejl i 3 til 5 timer.
d) Si vodkaen gennem en finmasket si.

2.Lavendel-Rosmarin Liqueur

INGREDIENSER:
- 750-milliliter flaske vodka
- 1 kvist frisk rosmarin, skyllet
- 2 kviste frisk lavendel, skyllet

INSTRUKTIONER:
a) Læg krydderurter i en Mason-krukke.
b) Hæld vodkaen i glasset.
c) Ryst det op et par gange og lad det trække i tre til fem dage.
d) Si urterne fra.

3. Forfriskende vandmelon vodka

INGREDIENSER:
- 750-milliliter flaske vodka
- 1 vandmelon i tern

INSTRUKTIONER:
a) I en infusionsglas placeres vandmelon i terninger.
b) Hæld vodkaen over frugten og ryst den et par gange.
c) Luk låget og lad det trække i 4 til 6 dage.
d) Ryst det en eller to gange om dagen.
e) Si vandmelonen fra vodkaen.

4.Nød likør

INGREDIENSER:
- 2 pund usaltede, ublancherede mandler, hakkede
- 1 kop sukker
- 1 flaske vodka
- Sukkersirup

INSTRUKTIONER:
a) Kom de hakkede nødder i glasset, og tilsæt sukker og vodka.
b) Stejl i en måned, ryster dagligt.
c) Si nødderne fra.
d) Tilsæt sukkersirup.

5. Bananlikør

INGREDIENSER:
- 2 modne bananer, pillede og mosede
- 3 kopper vodka
- 1 kop sukker
- 1 tsk vaniljeekstrakt
- 1 kop vand

INSTRUKTIONER:
a) Bland moset banan, vodka og vanilje.
b) Stejl i 1 uge.
c) Si fra.
d) Bland sukker og vand i en gryde.
e) Bring i kog ved middel varme.
f) Lad det simre til sukkeret er opløst.
g) Tilsæt sukkersirup.
h) Hæld på flasker og hætten stramt .
i) Træk mindst 1 måned før servering.

6.Lakrids likør

INGREDIENSER:
- 2 spsk stødt stjerneanis
- 3 kopper vodka
- 2 kopper sukker
- 1 kop vand

INSTRUKTIONER:
a) Bland stjerneanis med vodka og lad det trække i 2 uger.
b) Si stjerneanis fra.
c) Kog sukker og vand op i en gryde.
d) Lad det simre til sukkeret er opløst.
e) Bland sukkersirup og vodkablanding.
f) Hæld på flasker og låg tæt.
g) Træk mindst en måned før servering.

7.Blommelikør

INGREDIENSER:
- 1 pund friske, lilla blommer
- 2 kopper vodka
- 1 kop sukker
- 1 1-tommer kanelstang kop vand
- 4 hele nelliker

INSTRUKTIONER:
a) Udgrav blommer og skær blommer i 1-tommers stykker.
b) Kombiner blommer, sukker, kanelstænger, nelliker og vodka.
c) Dæk til og lad trække i 2 måneder.
d) Ryst glasset af og til.
e) Si væsken.
f) Hæld på flasker og låg tæt.
g) Træk mindst 1 måned før servering.

8. Mandarinlikør

INGREDIENSER:
- 6 mandariner
- 2 kopper vodka
- ½ kop sukker
- ¾ kop vand

INSTRUKTIONER:

a) Brug en drejeskræller til at skrælle mandariner, skrab kun skrællen af, undgå den hvide hinde.
b) Læg skræller i en krukke med vodkaen.
c) Dæk godt til og lad trække på et køligt, mørkt sted i 3 uger.
d) Ryst glasset af og til.
e) Si væsken.
f) Bland sukker og vand i en gryde.
g) Bring i kog ved middel varme.
h) Lad det simre til sukkeret er opløst.
i) Afkøl, og tilsæt derefter sukkersirup.
j) Hæld på flasker og låg tæt. Stejl i minimum 1 måned.

9. Allehånde likør

INGREDIENSER:
- 3/4 t e ske malet allehånde
- 1 1/2 dl vodka
- 1/2 kop sukkersirup

INSTRUKTIONER:
a) Træk ingredienserne i 10 dage.
b) Stamme.
c) Tilsæt sirup.
d) Moden i 1-6 måneder.

10.Lavendel likør

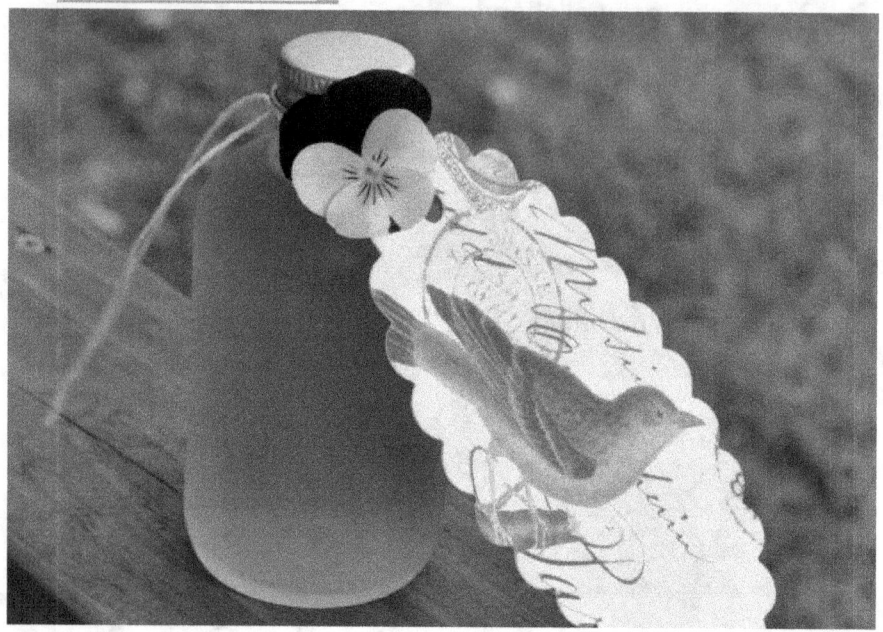

INGREDIENSER:
- 6 T a b le skeer Tørrede lavendelblade
- 1 Femte 80-Proof Vodka
- 1 kop sukkersirup

INSTRUKTIONER:
a) Sæt kronbladene i vodkaen i en uge.
b) Si gennem ostelærred.
c) Tilsæt sukkersirup og nyd .

11.Grøn te likør

INGREDIENSER:
- 6 tsk grønne teblade _
- 3 kopper vodka
- 1 kop sirup
- 2 dråber grøn madfarve

INSTRUKTIONER:
a) Kombiner og stejl teblade i vodkaen i 24 timer.
b) Ryst glasset godt, når du tilføjer bladene.
c) Tilsæt sødemidlet og farvelæg næste dag.

12. Kanel likør

INGREDIENSER:
- 1 kanelstang
- Nellike
- 1 tsk Kværnet korianderfrø
- 1 kop vodka
- ½ kop brandy
- ½ kop Sukkersirup

INSTRUKTIONER:
a) Træk alle ingredienser i 2 uger.
b) Si til det er klart og tilsæt sukkersirup.
c) Lad den trække i 1 uge, og den er klar til servering.

13.Vanilje-kaffe likør

INGREDIENSER:
- 1½ kopper brun farin; pakket
- 1 kop granuleret sukker
- 2 kopper vand
- ½ kop instant kaffepulver
- 3 kopper vodka
- ½ vaniljestang; dele

INSTRUKTIONER:
a) Kog sukker og vand i 5 minutter.
b) Rør gradvist kaffe i.
c) Bland vodka og vanilje i.
d) Stejl i 1 måned.
e) Fjern vaniljestangen.

14.Mint likør

INGREDIENSER:
- 1¼ kop friske mynteblade, vasket og klippet
- 3 kopper vodka
- 2 kopper granuleret sukker
- 1 kop vand
- 1 tsk Glycerin
- 8 dråber grøn madfarve
- 2 dråber blå madfarve

INSTRUKTIONER:
a) Hæld mynte og vodka i 2 uger, ryst med jævne mellemrum.
b) Si og kassér myntebladene fra likøren.
c) I en gryde kombineres sukker og vand.
d) Bring i kog under konstant omrøring.
e) Tilsæt glycerin og madfarve.
f) Stejl igen i 1-3 måneder.

15.Sød appelsin & nellikelikør

INGREDIENSER:
- 3 kopper vodka
- 3 hele søde appelsiner, skåret i tern
- ½ citron
- 2 hele nelliker
- 1 kop Basic sukkersirup

INSTRUKTIONER:
a) Bland vodka, appelsiner, citron og nelliker.
b) Stejl i 10 dage.
c) Si, og kassér de sigtede faste stoffer.
d) Tilsæt sukkersirup.
e) Sigt over på flasker og stejl igen i 4 uger.

16.S jordbær og limoncello

INGREDIENSER:
- 30 Friske jordbær skåret i halve
- 4 tsk Limoncello likør
- Friskkværnet peber
- 4 tsk frisk appelsinjuice

INSTRUKTIONER:
a) Kombiner jordbær, appelsinjuice, likøren og friskkværnet peber.
b) Stejl i minimum 30 minutter.

17. Varm smurt cider

INGREDIENSER:
- 1 liter æblecider
- 2 kanelstænger
- ¼ kop let majssirup
- 3 hele nelliker
- 2 skiver citron
- 2 spsk usaltet smør
- 6 ounce æblelikør

INSTRUKTIONER:
a) Kombiner cider, majssirup, smør, kanelstænger, nelliker og citronskiver i en gryde.
b) Varm op ved lav temperatur, indtil cideren er varm og smørret er smeltet. Fjern fra varmen.
c) Mens cideren opvarmes, hæld en ounce likør i hver af de 6 krus eller varmebestandige glas.
d) Hæld den varme cider i krusene og server med det samme.

18. Pebermyntesnapslikør

INGREDIENSER:
- ⅓ kop granuleret sukker
- 1 6 unce s af lys majssirup
- 2 kopper 80-fast vodka
- 2 tsk pebermynteekstrakt

INSTRUKTIONER:
a) Varm sukker og majssirup i en gryde i 5 minutter.
b) Når sukkeret er opløst, tilsæt vodka og rør godt rundt.
c) Tag blandingen af varmen og dæk den med et låg.
d) Lad afkøle.
e) Tilsæt pebermynteekstrakt til blandingen og hæld på en flaske.

19. Lime likør

INGREDIENSER:
- 2 dusin limefrugter, vasket og skåret i skiver
- ½ tsk stødt kanel
- 6 nelliker
- 2 pund hvidt sukker
- 6 kopper 80-fast vodka
- 2 kopper vand
- Grønt madfarvestof

INSTRUKTIONER:
a) Kombiner limefrugter, kanel, nelliker, vodka, vand og hvidt sukker.
b) Ryst godt, indtil sukkeret er opløst. Dække over.
c) Stil på et køligt sted i to uger.
d) Si gennem en fin sigte.
e) Dekantér, hæld klar væske i flasker.

20.Krydret urtelikør

INGREDIENSER:
- 6 kardemommebælge, frø fjernet
- 3 tsk Anisfrø, knuste
- 2¼ tsk. Hakket angelica rod
- 1 kanelstang
- 1 nellike
- ¼ teskefuld Mace
- 1 femte vodka
- 1 kop Sukkersirup
- Beholder: 1/2 gallon krukke

INSTRUKTIONER:
a) Bland alle ingredienserne.
b) Ryst godt og stejl i 1 uge.
c) Si flere gange.
d) Tilsæt sukkersiruppen.

21.Ananas Vodka Likør

INGREDIENSER:
- 1 sød ananas skrællet; udkernet og skåret i skiver
- 1 flaske vodka; 750 ml
- 2½ ounce ananas infunderet vodka
- ¾ ounce Grand Marnier

INSTRUKTIONER:
a) Læg en moden ananas i en beholder og dæk den med en flaske vodka.
b) Træk i køleskabet i minimum 48 timer.

22. Hindbær infunderet vodka

INGREDIENSER:
- 25 o unce s flaske vodka
- 1 - pint Hindbær

INSTRUKTIONER:
a) Kombiner vodka med friske hindbær.
b) Stejl i 3 dage.

23.Papaya likør

INGREDIENSER:
- 1 citronskive, skrabet skal
- 1 papaya, skrællet, frø fjernet og skåret i tern
- 1 kop vodka
- ¼ kop Sukkersirup

INSTRUKTIONER:
a) Stejl papaya i vodka i 1 uge.
b) Si frugten, udtræk saften.
c) Tilsæt sukkersirup.

24. Blåbær likør

INGREDIENSER:
- 3 kopper friske blåbær, skyllet og knust
- 1 hver fed
- ½ kop Sukkersirup
- 2 kopper vodka
- 1 stk Citron m kant, skrabet skal

INSTRUKTIONER:
a) Kombiner bær med vodka, citronskal og nelliker.
b) Stejle i 3 måneder.
c) Si de faste stoffer fra.
d) Tilsæt sukkersirup.

25. Chokolade likør

INGREDIENSER:
- 2 teskefulde ren chokoladeekstrakt
- ½ tsk ren vaniljeekstrakt
- 1½ kop vodka
- ½ kop Sukkersirup
- ½ tsk Frisk mynte
- 1 dråbe pebermynteekstrakt

INSTRUKTIONER:
a) Bland alle ingredienser og lad det trække i 2 uger.
b) Tilsæt mynte og pebermynteekstrakt.
c) Stejl i yderligere 2 uger.

26.Kokoslikør

INGREDIENSER:
- ½ kop brandy
- 2 kopper pakket kokosnød
- 4 korianderfrø
- ¼ teskefuld vaniljeekstrakt
- 3 kopper vodka

INSTRUKTIONER:
a) Tilsæt alle ingredienser og lad dem trække i 4 uger.
b) Vend krukken med få dages mellemrum.

27.Curacao likør

INGREDIENSER:
- 3 spiseskefulde bitter appelsin, skrællet og segmenteret
- 2⅔ kop 80-fast vodka
- 1⅓ kop vand
- 2 kopper hvidt sukker
- 12 hele nelliker
- 1 tsk stødt kanel
- 2 tsk. Hele korianderfrø

INSTRUKTIONER:
a) Læg appelsinsegmenter sammen med den bitre appelsinskal, nelliker, koriander og kanel i en krukke.
b) Bland sukker, vodka og vand i.
c) Ryst kraftigt, indtil sukkeret er opløst.
d) Stejle i op til 5 uger.
e) Si og lad det klare.

28.Grapefrugtlikør

INGREDIENSER:
- 6 grapefrugter
- 3 kopper 80-fast vodka
- 1 kop vand
- 2 spsk Hele korianderfrø
- 1 tsk stødt kanel
- 4 kopper hvidt sukker

INSTRUKTIONER:
a) Bland ingredienserne.
b) Dæk til og lad det trække i flere uger.
c) Si og lad likøren klare i en uge til 10 dage.
d) Hæld den klare likør fra.

29. Honninglikør

INGREDIENSER:
- 2 kopper vodka
- ¾ pund honning
- 1 lang skal af en appelsin
- 1 kop vand, varmt, men ikke kogende
- 1 nellike
- 2 kanelstænger, 2 tommer hver

INSTRUKTIONER:
a) Opløs honningen i vandet.
b) Tilsæt honningblandingen til vodka, krydderier og appelsinskal.
c) Lad stejle, godt proppet rystning med få dages mellemrum.
d) Stejl i 2 eller 3 uger.
e) Si de faste stoffer fra.

30.Te likør

INGREDIENSER:
- 2 teskefulde sorte teblade
- 1½ kop vodka
- ½ kop Sukkersirup

INSTRUKTIONER:
a) Lad alt, undtagen siruppen, trække i 24 timer.
b) Si og tilsæt sukkersirup.
c) Stejle i 2 uger.

31.Pebermyntelikør

INGREDIENSER:
- 2 tsk pebermynteekstrakt
- 3 kopper vodka
- 1 kop Sukkersirup

INSTRUKTIONER:
a) Bland alle ingredienser og rør.
b) Stejle i 2 uger.

32.Angelica likør

INGREDIENSER:
- 3 spiseskefulde Tørret hakket angelica rod
- 1 spsk hakkede mandler
- 1 Allehånde bær, revnet
- ⅛ teskefuld Korianderfrø i pulverform
- 1 t tske ske tørrede merianblade
- 1 stk kanelstang, knækket
- 1½ kop vodka
- ½ kop granuleret sukker
- 6 anisfrø, knuste
- ¼ kop vand
- 1 dråbe af hver gul og grøn fødevarefarve

INSTRUKTIONER:
a) Kombiner alle urter, nødder og krydderier med vodka.
b) Sæt låg på og ryst dagligt i 2 uger.
c) Si, og kassér de faste stoffer.
d) Rengør en udblødningsbeholder og læg væsken tilbage i beholderen.
e) Varm sukker og vand i en gryde .
f) Tilsæt madfarve og tilsæt likøren.
g) Stejl i 1 måned.

33.Blåbær og appelsinlikør

INGREDIENSER:
- 1 kop likør med appelsinsmag
- 1 kop vand
- 1 kop sukker
- 1½ pund Friske blåbær
- 20 friske lavendel blomsterhoveder

INSTRUKTIONER:
a) Kom likør, vand og sukker i en gryde.
b) H spis , omrør ofte, indtil sukkeret er opløst.
c) Kom blåbær i varme krukker og 4 lavendelhoveder i hver krukke.
d) Hæld varm væske i krukker.
e) Opvarm krukker i et varmt vandbad i 15 min .

34. Kommen frø likør

INGREDIENSER:
- 4 spsk kommenfrø, knuste eller halvt malede
- 1 kop sukker
- 1 flaske vodka
- 1 liters krukke

INSTRUKTIONER:
a) Kom frøene i en ren krukke.
b) Tilsæt sukker og vodka.
c) Ryst dagligt i en måned.
d) Si frøene fra, og tilsæt sukker.

35. Æble vodka likør

INGREDIENSER:
- 2 pund tærte/søde smagfulde æbler, udkernede og hakkede
- 1 kop sukker
- 1 flaske vodka
- 1 halv gallon krukke

INSTRUKTIONER:
a) Tilsæt sukker og brandy og sæt låg på glasset.
b) Ryst hver dag i en til to måneder.
c) Si frugten fra, og tilsæt sukkersirup.

36.P hver Vodka likør

INGREDIENSER:
- 2 pund modne ferskner
- 1 kop sukker
- 1 flaske vodka

INSTRUKTIONER:
a) Tilsæt ferskner, sukker og alkohol i en krukke.
b) Dæk til og ryst en gang om dagen eller deromkring i en til to måneder.
c) sigt, og sød derefter med sukkersirup.
d) Disse frugter er også dejligt let krydret med hele krydderier.

37. Akvavit vodka

INGREDIENSER:
- 50 ounces vodka af god kvalitet
- 3 spiseskefulde kommenfrø , ristet
- 2 spsk spidskommen frø , ristet
- 2 spsk dildfrø , ristet
- 1 spsk fennikelfrø , ristet
- 1 spsk korianderfrø , ristet
- 2 hele stjerneanis
- 3 hele nelliker
- Skræl ½ økologisk citron, og skær den i strimler
- Skræl ½ økologisk appelsin, og skær den i strimler
- 1-ounce simpel sirup

INSTRUKTIONER:
a) Knus frøene let i en morter og støder, og kom dem derefter i en infusionsbeholder .
b) Tilsæt stjerneanis, nelliker, citron og appelsinskal og derefter vodkaen.
c) Forsegl tæt med låg og ryst kort.
d) Infunder ved stuetemperatur i ikke mindre end 2 uger. Ryst glasset hver 2. dag under infusion.
e) Si væsken.
f) Tilsæt den simple sirup og flaske.

38. Citron Vodka

INGREDIENSER:
- 750 ml vodka
- ¼ kop tørret økologisk citronskal

INSTRUKTIONER:
a) Skræl 3 friske økologiske citroner, skåret i tynde strimler, uden marv
b) I en halv gallon Mason-krukke hældes vodka over citronskal og frisk skal.
c) Dæk og lad macerere i 2 dage.
d) Si citronskallen fra.

39.orange Bittere

INGREDIENSER:
- Skræl 3 økologiske appelsiner, skåret i tynde strimler
- ¼ kop tørret økologisk appelsinskal
- 4 hele nelliker
- 8 grønne kardemommebælge, revnede
- ¼ tsk korianderfrø
- ½ tsk tørret ensianrod
- ¼ tsk hel allehånde
- 2 kopper højbestandig vodka
- 1 kop vand
- 2 spsk rig sirup

INSTRUKTIONER:
a) Kom appelsinskal, tørret appelsinskal, krydderier og ensianrod i en 1-quart Mason-krukke.
b) Tilsæt vodkaen.
c) Læg låg på og lad det trække i 2 uger.
d) Ryst det op en gang om dagen.
e) Si væsken i en ren 1-quart Mason-krukke.
f) Overfør de faste stoffer til en gryde . Dæk glasset til og stil det til side.
g) Hæld vandet over de faste stoffer i gryden og bring det i kog ved middel varme.
h) Dæk gryden til, reducer varmen til lav, og lad det simre i 10 minutter.
i) Tilsæt væske og faste stoffer i gryden til en anden 1-quart Mason-krukke.
j) Dæk til og lad det trække i en uge, og ryst glasset hver dag.
k) Si de faste stoffer ud ved hjælp af ostelærred, og kassér de faste stoffer. Tilsæt væsken til glasset med den originale vodkablanding.
l) Tilsæt den rige sirup, rør for at blande godt, luk derefter låget og ryst for at blande og opløse siruppen.
m) Stejl i 3 dage.
n) Skim derefter alt af, der flyder til overfladen, og si det endnu en gang gennem osteklædet.
o) Brug en tragt til at flaske det.

40.Jordbær Vanilje Vodka

INGREDIENSER:
- 1 liter vodka
- 2 kopper jordbær, skåret i skiver
- 2 vaniljestang, delt på langs

INSTRUKTIONER:
a) Tilsæt jordbær til en ren glaskrukke med vaniljekorn.
b) Tilsæt vodka, og lad det trække i minimum 3 dage.
c) Si og kassér jordbær og vaniljekorn.
d) Si et par gange for at fjerne al sediment.

41.Citron Granatæblelikør

INGREDIENSER:
- 1 kop granatæblekerner
- 750 ml vodka
- 1 citron, skåret i tern

INSTRUKTIONER:
a) Bland alle ingredienserne i en krukke.
b) Stejl i fem dage, ryster hver dag,
c) Si infusionsingredienserne.

42.Brombær orange Infunderet Vodka

INGREDIENSER:
- 1 kop brombær
- 750 ml vodka
- 1 økologisk appelsin, skåret i tern

INSTRUKTIONER:
a) Bland alle ingredienserne i en krukke.
b) Stejl i tre dage, ryster hver dag.
c) Si infusionsingredienserne.

43. Skumfidus Vodka

INGREDIENSER:
- Skumfiduser, skåret i stykker
- Vodka

INSTRUKTIONER:
a) Kom skumfiduser i en fransk presse.
b) Hæld vodka i pressen over skumfiduserne, indtil de er fyldt.
c) Stejl i minimum 12 timer.
d) Si og opbevar.

TEQUILA

44. Citrongræs-ingefær likør

INGREDIENSER:
- 2 stilke frisk citrongræs, skrællet og hakket
- 1 frisk ingefær
- 750 milliliters flaske Blanco tequila

INSTRUKTIONER:
a) Læg citrongræs og ingefær i en krukke.
b) Hæld tequilaen over krydderurterne og ryst den op.
c) Luk låget tæt og lad det trække i ca. 2 uger.
d) Si de faste stoffer fra.

45. Margarita likør

INGREDIENSER:
- 1 skal af lime; skæres i en kontinuerlig spiral
- 1 flaske sølv tequila
- 1 skal af appelsin; skæres i en kontinuerlig spiral
- 6 ounce Cointreau

INSTRUKTIONER:

a) Tilsæt citrus og limeskal s til tequilaen og tilsæt derefter Cointreau.
b) Stil på køl i minimum 1 dag.
c) Fjern skræl , hvis likøren begynder at blive bitter.

46. Mexicansk tepunch

INGREDIENSER:
- 2 kopper Tequila
- 2 kopper te; Stærk, kold
- 1 kop ananasjuice
- ¼ kop honning
- ¼ kop vand
- ¼ kop limesaft
- ¼ kop citronsaft
- 1½ tsk kanel; Jord
- 1½ tsk Aromatic Bitters

INSTRUKTIONER:
a) Bland alle ingredienser.
b) Server over is.

47. Jalapeño Citron Tequila

INGREDIENSER:
- 1 liter Blanco tequila
- 2 jalapeños, skåret i skiver
- 2 limefrugter, skåret i skiver

INSTRUKTIONER:
a) Stejle ingredienser i minimum 12 timer.
b) Si og kassér jalapeños og limefrugter.
c) Si et par gange for at fjerne al sediment.
d) Forsegl i en ren krukke.

48. Ananas og Serrano tequila

INGREDIENSER:
- 750 ml Tequila
- Serrano chili peber; seedet
- 1 kvist estragon
- 1 ananas; skrællet, udkernet og skåret i tern

INSTRUKTIONER:
a) Bland alle ingredienser og ryst godt.
b) Stejl i 48 til 60 timer.
c) Si tequilaen og frys den i yderligere 12 timer.
d) Server i et shotglas.

49. Ingefær Citrongræs Tequila

INGREDIENSER:

- 750 ml flaske premium Blanco tequila
- 2 stilke citrongræs
- 1 frisk ingefær

INSTRUKTIONER:

a) Tag citrongræs og pil låget af.
b) Tilsæt citrongræs og en skive ingefær.
c) Tilsæt tequilaen.
d) Stejle i 2 uger.
e) Server efter belastning.

50. Mandelguldlikør

INGREDIENSER:
- 8 ounce Uskrællede mandler; ristet og hakket
- ½ vaniljestang; dele
- 1 Stang kanel; 3 tommer
- 1 flaske guld tequila
- 2 spsk krydret piloncillo sirup
- ¼ teskefuld ren mandelekstrakt

INSTRUKTIONER:
a) Bland nødder, vaniljestang og kanel.
b) Tilsæt tequilaen og lad den trække i 2 uger.
c) Si flere gange.
d) Tilsæt sirup og mandelekstrakt.
e) Hæld i en krukke: og stejl i yderligere 2 uger.

RUM

51. Kaffe Likør

INGREDIENSER:
- 1 opskrift på koldbrygget kaffe
- ½ kop vand
- ½ kop mørk brun farin
- 1 kop mørk rom
- ½ vaniljestang, delt

INSTRUKTIONER:
a) Bring vandet og brun farin i kog ved høj varme.
b) Lad det simre, og rør rundt for at opløse sukkeret.
c) Bland sukkersirup, rom og kaffe i en krukke.
d) Rør vaniljefrø og pod i kaffeblandingen.
e) Sæt låget tilbage på glasset og lad det trække i minimum 2 uger, idet du ryster en gang om dagen.
f) Fjern vaniljestangen.

52.Banan og kokos likør

INGREDIENSER:
- ½ kop inddampet mælk
- 1½ kop rom
- ½ kop vodka
- 2 modne bananer; mosede
- ½ kop sødet kondenseret mælk
- 2 teskefulde kokosekstrakt
- 1 kop fløde kokos

INSTRUKTIONER:
a) Blend bananer, kokosnøddeekstrakt, rom, mælk og vodka.
b) Tilsæt fløde af kokos og puls igen.

53. Krydret Rom

INGREDIENSER:
- 1 hel muskatnød
- 3 allehånde bær
- 1 navleappelsin, skalet
- 1 vaniljestang, delt på langs
- 750-milliliter flaske lagret rom
- 2 hele nelliker
- 1 kardemommestang
- 4 sorte peberkorn
- Sorghum sirup
- 1 kanelstang, knust
- 1 stjerneanis

INSTRUKTIONER:
a) Læg hele muskatnøden i et rent håndklæde og pisk med en hammer.
b) Kom muskatnød og alle de andre krydderier i en sauterpande.
c) Rist krydderier let i 2 minutter.
d) Fjern fra varmen og lad afkøle.
e) Overfør til en kværn og puls.
f) Kom skrællen i en 1-quart Mason-krukke og tilsæt rom og ristede krydderier.
g) Luk låget, ryst for at blande, og lad det trække i 24 timer.
h) Si den krydrede rom gennem en si.
i) Hæld i en ren glaskrukke eller flaske og etiket.

54.Jasmin te likør

INGREDIENSER:
- 1 pint mørk rom
- ½ kop Jasmin te
- 1 kop Sukkersirup

INSTRUKTIONER:
a) Lad alt, undtagen siruppen, trække i 24 timer.
b) Tilsæt sukkersiruppen.

55.Mokka fløde likør.

INGREDIENSER:
- ¼ tsk kokosekstrakt
- 4 teskefulde instant espresso kaffepulver
- 1 kop mørk rom
- ½ tsk stødt kanel
- ½ tsk vaniljeekstrakt
- 1 kop tung fløde
- 1 dåse sødet kondenseret mælk
- ¼ kop chokolade - sirup med smag

INSTRUKTIONER:
a) Kom alle ingredienserne i en foodprocessor.
b) Puls indtil blandingen er glat.

56.svensk frugt i likør

INGREDIENSER:
- 1 pint blåbær, afskallet
- 1 pint hindbær, afskallede
- 1 pint jordbær, afskallede
- 1 pint røde ribs
- 1 kop granuleret sukker
- ⅔ kop Brandy
- ⅔ kop Let rom
- Flødeskum til pynt

INSTRUKTIONER:
a) Læg bær og ribs i en glasskål.
b) Tilsæt sukker, brandy og rom under omrøring af og til.
c) Hæld natten over i køleskabet.

57.Tranebær hjerteligt

INGREDIENSER:
- 8 kopper rå tranebær, hakket
- 6 kopper sukker
- 1 liter lys eller ravfarvet rom

INSTRUKTIONER:
a) Kom tranebær, sukker og rom i en krukke.
b) Hæld i 6 uger, ryst hver dag.
c) Si den hjertelige.

58.Cremet romlikør

INGREDIENSER:
- 400 ml kondenseret mælk
- 300 milliliter Fløde
- 2 teskefulde instant kaffe opløst i kogt vand
- 300 milliliter mælk
- ¾ kop rom
- 2 spsk chokoladesauce

INSTRUKTIONER:
a) Blend alle ingredienser.
b) Serveres afkølet.

59. Ananas Rom

INGREDIENSER:
- 1 ananas, udkernet og skåret i spyd
- 1 liter hvid rom

INSTRUKTIONER:
a) Kom ananas og rom i en glaskrukke, og forsegl.
b) Stejl i minimum 3 dage.
c) Si gennem en finmasket sigte og kassér ananassen.
d) Forsegl i en ren krukke.

60.Citrus Sangria

INGREDIENSER:
- 750-milliliter flaske sød Moscato
- 1½ dl ananasjuice
- 1 kop hvid rom
- 1 kop ananas stykker
- 2 limefrugter, skåret i skiver
- 2 appelsiner, skåret i skiver

INSTRUKTIONER:
a) Bland alle ingredienserne i en kande og rør.
b) Stil på køl i minimum 2 timer før servering.

61. Frugt Punch

INGREDIENSER:
- 6 kopper frugtpunch
- 3 kopper ananasjuice
- 2 dl ferskensnaps
- 2 kopper hvid rom
- 1 kop citron-lime sodavand
- ¼ kop limesaft
- 2 limefrugter, skåret i skiver og frosset
- 1 appelsin, skåret i skiver og frosset

INSTRUKTIONER:
a) Kom frugtpunchen, ananasjuice, ferskensnaps, rom, sodavand og limesaft i en kande.
b) Rør til det er godt blandet, dæk derefter til og stil det på køl, indtil det er godt og koldt.
c) Hæld frugtpunchen i en punchskål, og tilsæt derefter den frosne frugt.
d) Server og nyd!

WHISKEY

62. Citron Infunderet Bourbon

INGREDIENSER:
- 2 ounce ingefærlikør
- 2 ounce bourbon
- ½ økologisk citron

INSTRUKTIONER:
a) Kom ingefærlikøren og citronen i et røreglas.
b) Rod godt med en mudder.
c) Tilsæt omkring en kop knust is og bourbon.
d) Rør godt rundt, indtil glasset er frostigt.
e) Hæld i et cocktailglas eller vinglas; lad være med at belaste.
f) Pynt med en citronskive.

63. Bacon-infunderet gammeldags

INGREDIENSER:
BOURBON-BACON:
- 4 skiver bacon, kogt og fedt forbeholdt
- 750 ml. flaske bourbon

Gammeldags:
- 2 skvæt Angostura bitters
- 2 ounce bacon-infunderet bourbon
- 1/4 ounce ahornsirup

INSTRUKTIONER:
TIL DEN BACON-INFUSEREDE BOURBON
a)   Kombiner bourbon og baconfedtet i en ikke-porøs beholder.
b)   Si og trække i 6 timer i fryseren.
c)   Fjern fedtet og si blandingen tilbage i flasken.

TIL COCKTAILEN
d)   Kombiner den baconinfunderede bourbon, ahornsirup og bitter med is.
e)   Si over i et afkølet stenglas fyldt med is.

64. Fersken- og kanellikør

INGREDIENSER:
- 1½ pund ferskner; skrællet og skåret i skiver
- 1½ kop sukker
- 4 citronskal; strimler
- 3 hele nelliker
- 2 kanelstænger
- 2 kopper Bourbon

INSTRUKTIONER:
a) Kombiner alle ingredienser og varm i 40 minutter, indtil sukkeret er opløst, omrør to gange.
b) Dæk og lad trække i 3 til 4 dage.
c) Si før brug.

65. Chokolade creme likør

INGREDIENSER:
- 2 kopper Tung creme
- 1 kop whisky
- ¼ kop usødet kakaopulver
- 14 ounces sødet kondenseret mælk
- 1½ spsk vaniljeekstrakt
- 1 spsk Instant espressopulver
- 1 spsk kokosekstrakt

INSTRUKTIONER:
a) I en foodprocessor pulser du alle ingredienserne, indtil de er glatte.

66.Bing Cherry likør

INGREDIENSER:
- 2 skiver citron
- 1 Femte VO
- Bing kirsebær
- 2 spsk sukker

INSTRUKTIONER:
a) Fyld hver krukke halvt med kirsebær.
b) Tilføj til hver en skive citron og en spiseskefuld sukker.
c) Fyld derefter til toppen med VO luk låget tæt, ryst og stejl på et køligt sted i 6 måneder.

67. Appelsin og honning likør

INGREDIENSER:
- 1 flaske whisky
- 2 kopper appelsinblomsthonning
- skal af 2 appelsiner eller mandariner
- 4 spsk korianderfrø, forslået

INSTRUKTIONER:
a) Bland alt i glasset.
b) Luk låget, og ryst en gang om dagen i en måned.
c) Si, og flaske likøren.

68.Jeg rish cream likør

INGREDIENSER:
- 1¼ kop irsk whisky
- 14 ounces sødet kondenseret mælk
- 1 kop tung fløde
- 4 æg
- 2 spsk sirup med chokoladesmag
- 2 teskefulde instant kaffe
- 1 tsk vaniljeekstrakt
- ½ tsk mandelekstrakt

INSTRUKTIONER:
a) Blend alle ingredienser i en blender, indtil det er glat.

69.Tranebær orange Whisky

INGREDIENSER:
- 2 kanelstænger
- ½ kop friske tranebær
- 1 appelsin, skåret i tern
- 1 liter whisky

INSTRUKTIONER:
a) Kombiner tranebær, appelsin, whisky og kanelstang i en glaskrukke.
b) Stejl i minimum 3 dage.
c) Si og kassér tranebær, appelsiner og kanel.
d) Forsegl i en ren krukke.

70. Kaffe-vanilje Bourbon

INGREDIENSER:
- 2 vanilje bønner , delt
- 1/2 kop kaffe bønner en anelse knust
- 32 ounces af whisky

INSTRUKTIONER:
a) Kombiner det hele og lad det trække på et køligt, mørkt sted i minimum 2 dage.

71.Kirsebær-vanilje Bourbon

INGREDIENSER:
- 2 vanilje bønner , delt
- 8 ounces tørret eller frisk kirsebær
- 32 ounces af whisky

INSTRUKTIONER:
a) Kombiner det hele og lad det trække på et køligt, mørkt sted i minimum 2 dage.

72.Æble-kanel Whisky

INGREDIENSER:
- 2 æbler, skrællet og hakket
- -en håndfuld af kanel pinde
- 32 ounces af whisky

INSTRUKTIONER:
a) Kombiner det hele og lad det trække på et køligt, mørkt sted i minimum 2 dage.

73.Vanilje Bønne Bourbon

INGREDIENSER:
- 8 ounces af din favorit Bourbon
- 2 vaniljekorn, delt på langs

INSTRUKTIONER:
a) Kombiner det hele og lad det trække i 4 dage.
b) Ryst det op et par gange dagligt, så infusionen sker.
c) Si vaniljestangen og server.

GIN

74. Cajun martini

INGREDIENSER:
- 1 Jalapeño peber; skåret op til stilken
- ½ flaske gin
- ½ flaske vermouth

INSTRUKTIONER:
a) Tilsæt jalapeño til ginflasken, og fyld ginen med vermouth.
b) Stil på køl i 8 til 16 timer.
c) Si over i en ren flaske.

75. Tranebær gin

INGREDIENSER:
- 1 flaske gin
- 6 ounce tranebær
- 7 ounce sukker
- Et par blancherede mandler; revnet
- 1 stykke kanelstang
- Nellike

INSTRUKTIONER:
a) Hæld ginen i en kande.
b) Prik tranebærrene med et spyd eller gaffel og kom dem i den tomme ginflaske, indtil den er halvt fyldt.
c) Tilsæt sukker, mandler og krydderier.
d) Hæld gin tilbage for at fylde flasken. Hætten fast.
e) Steg et lunt sted i et par dage, ryst flasken af og til, indtil sukkeret er opløst.

76. Pomander gin

INGREDIENSER:
- 1 Sevilla appelsin
- 2 hele nelliker
- 3 ounce sukker
- 1 flaske gin

INSTRUKTIONER:
a) Stik nellikeren i appelsinen og kom derefter appelsinen og sukkeret i en bredhalset krukke.
b) Tilsæt ginen og ryst til sukkeret er opløst.
c) Hæld på et køligt sted i 3 måneder.
d) Si og kassér de faste stoffer.

77. Citron Ingefær Kardemomme Gin

INGREDIENSER:
- 4 kardemommebælg
- 2 stykker skrællet ingefær, skåret i skiver
- 3 citroner, skåret i skiver
- 1 liter gin

INSTRUKTIONER:
a) Kombiner gin, citron, ingefær og kardemomme i en glaskrukke.
b) Stejl i minimum 3 dage.
c) Si de faste stoffer ud.

78.Æble og Pære Gin

INGREDIENSER:
- 750 ml flaske gin
- 4 røde æbler i skiver
- 1 pære, skåret i skiver
- 1/4 pund tørrede pærer

INSTRUKTIONER:

a) Rør gin og frugter i en krukke og ryst.
b) Sæt den på et mørkt sted.
c) Si frugterne ud.

79.Grøn Te Gin

INGREDIENSER:
TIL DEN GRØNNE TE-INFUSEREDE GIN
- 750 ml flaske gin
- 1/4 kop grønne teblade

TIL DEN SALTEDE PISTACIEHONNINGSIRUP
- 1/2 kop vand
- 1/2 kop saltede pistacienødder
- 1/2 kop honning

INSTRUKTIONER:
a) Bland alle ingredienserne og lad det trække i 2 timer.
b) Si tebladene fra.

BRANDY

80.Mandarin appelsin Likør

INGREDIENSER:
- 32 ounce brandy
- 2 pund økologiske mandarin appelsiner skrællet, skåret i skiver
- ½ kop tørret økologisk sød appelsinskal
- Simpel sirup

INSTRUKTIONER:
a) Fordel skrællen mellem de to glas. Tilføj brandy til hver krukke inden for omkring en tomme af toppen.
b) Lad glassene trække, væk fra solen, i minimum 2 dage .
c) Ryst glassene en gang om dagen.
d) Si frugten ud af brændevinen.
e) Tilføj simpel sirup og en flaske.
f) Stejl på et køligt mørkt sted i minimum en måned.

81. Amaretto likør

INGREDIENSER:
- 1 kop Sukkersirup
- ¾ kop vand
- 2 tørrede abrikoshalvdele
- 1 spsk mandelekstrakt
- ½ kop ren korn alkohol og
- ½ kop vand
- 1 kop brandy
- 3 dråber gul madfarve
- 6 dråber rød madfarve
- 2 dråber blå madfarve
- ½ tsk glycerin

INSTRUKTIONER:
a) Lad det simre indtil alt sukker er opløst.
b) Kombiner abrikoshalvdele, mandelekstrakt og kornalkohol med ½ kop vand og brandy.
c) Rør sukkersirupblandingen i.
d) Hæld og stejl i 2 dage. Fjern abrikoshalvdelene.
e) Tilsæt madfarve og glycerin.
f) Stejl igen i 1 til 2 måneder.

82.Abrikoslikør

INGREDIENSER:
- 1 kop vand
- 1 pund tørrede, udstenede abrikoser
- 1 spsk pulveriseret sukker
- 1 kop hakkede mandler
- 2 kopper brandy
- 1 kop sukker
- 1 kop vand

INSTRUKTIONER:
a) Læg abrikoser i blød i kogt vand i 10 minutter.
b) Hæld eventuelt resterende vand fra.
c) Kombiner abrikoser, pulveriseret sukker, mandler og brandy.
d) Rør godt for at blande.
e) Dæk godt til og lad trække på et køligt, mørkt sted i minimum 2 uger.
f) Si væske.
g) Bland sukker og vand i en gryde.
h) Bring i kog ved middel varme.
i) Lad det simre indtil sukkeret er helt opløst.
j) Tilsæt sukkersirup.
k) Hæld på flasker og låg tæt.
l) Træk mindst 1 måned før servering.

83. Hindbær likør

INGREDIENSER:
- 4 kopper rene tørre hindbær
- 4 kopper brandy
- 1 kop Sukkersirup

INSTRUKTIONER:
a) Kom hindbær og brandy i en krukke.
b) Forsegl og stejl på en solrig vindueskarm i 2 måneder.
c) Tilsæt sukkersiruppen til hindbærlikøren.
d) Si og opbevar.

84. Æble kanel brandy

INGREDIENSER:
- 1 pund røde æbler, delt i kvarte og udkeret
- 1 kanelstang
- 2 hele nelliker
- 3 kopper brandy
- 1 kop sukker
- 1 kop vand

INSTRUKTIONER:
a) Kom æbler, kanelstænger, nelliker og brandy i en krukke.
b) Dæk godt til og lad trække på et køligt, mørkt sted i 2 uger.
c) Si væske.
d) Bland sukker og vand i en gryde. Bring i kog ved middel varme.
e) Lad det simre til sukkeret er opløst.
f) Tilsæt sukkersirup.
g) Hæld på flasker og låg tæt.
h) Træk mindst 1 måned før servering.

85.Californien æggesnaps

INGREDIENSER:
- 1 liter koldt tilberedt æggesnaps
- 1½ kop Abrikosbrandy
- ¼ kop Triple Sec
- Muskatnød, til pynt

INSTRUKTIONER:
a) Rør æggesnapsen, abrikosbrandy og Triple Sec i en kande.
b) Dæk til og stil på køl i mindst fire timer for at blande smag.
c) Pynt med muskatnød.

86. Kirsebær brandy

INGREDIENSER:
- ½ pund Bing-kirsebær. stammede
- ½ pund granuleret sukker
- 2 kopper brandy

INSTRUKTIONER:
a) Kom kirsebær i en 1-liters krukke.
b) Hæld sukker over kirsebærene.
c) Hæld brandy over sukker og kirsebær.
d) Stejle i 3 måneder. RYST IKKE.
e) Si over i en flaske.

87. Mandellikør

INGREDIENSER:
- 1 kop Sukkersirup
- 2 kopper vodka
- 2 kopper brandy
- 2 tsk mandelekstrakt

INSTRUKTIONER:
a) Kombiner sukkersirup, vodka, brandy og mandelekstrakt.
b) Hæld på flasker.
c) Træk mindst 1 måned før servering.

88. Pærelikør

INGREDIENSER:
- 1 pund faste modne pærer, udkernet og skåret i tern
- 2 hele nelliker
- 1 kop brandy
- 1 1-tommer kanelstang
- Knip muskatnød
- 1 kop sukker

INSTRUKTIONER:
a) Kombiner nelliker, kanel, muskatnød, sukker og brandy.
b) Stejle i 2 uger.
c) Ryst krukken dagligt. Si væsken.

89. Ingefær Likør

INGREDIENSER:
- 2 ounce frisk ingefærrod, skrællet
- vaniljestang
- 1 kop sukker
- 1½ dl vand
- Skal af 1 økologisk appelsin
- 1½ kop brandy

INSTRUKTIONER:
a) I en gryde bringes ingefær, vaniljestang, sukker og vand i kog.
b) Lad det simre i 20 minutter.
c) Fjern fra varmen og lad afkøle.
d) Hæld siruppen i en krukke, og tilsæt appelsinskal eller -skal og brandy.
e) Forsegl, ryst og lad det trække i en dag.
f) Fjern vaniljestangen og lad den trække en dag mere.
g) Si over i en flaske og lad det trække i 2 uger før brug.

90.Kaffe vanilje likør

INGREDIENSER:
- 2 unce s god instant kaffe
- 2 kopper sukker
- 4 unce s vanilje, hakket
- 1-2 Madagaskar eller Tahiti vaniljekorn
- flaske brændevin

INSTRUKTIONER:
a) Varm vand, kaffe og sukker op for at simre.
b) Fjern fra varmen og afkøl.
c) Tilsæt de 4 ounce vanilje.
d) Hæld kaffe/sukker/vand /brandy i og rør rundt.
e) Stejl i to til tre måneder.
f) Si vaniljekornene fra.

91.Kardemomme-Fig Brandy

INGREDIENSER:
- 2 hele kardemommebælg
- 1 kop tørrede eller friske figner, halveret
- 32 ounces af brændevin

INSTRUKTIONER:
a) Kombiner alle ingredienser.
b) Dæk dem godt til, og lad dem trække et køligt, mørkt sted i minimum 2 dage.

92.Blomme-kanel Brandy

INGREDIENSER:
- 2 blommer eller svesker, udstenede og i kvarte
- en håndfuld kanelstænger
- 32 ounces af brændevin

INSTRUKTIONER:
a) Kom dine infusionsingredienser i alkoholen, dæk tæt,
b) Stejl på et køligt, mørkt sted i minimum 2 dage.

93. Chai-pære Brandy

INGREDIENSER:
- 2-3 chai teposer
- 2 pærer, skåret i skiver
- 32 ounces af brændevin

INSTRUKTIONER:
a) Stejle 2-3 chai teposer i brandy.
b) Stejl brandy med 2 pærer i 2 dage.

COGNAC

94.Grand appelsin-cognac likør

INGREDIENSER:
- ½ kop granuleret sukker
- 2 kopper Cognac eller fransk brandy
- ⅓ kop appelsinskal
- ½ tsk glycerin

INSTRUKTIONER:
a) Kom skal og sukker i en skål.
b) Mos og bland med en støder, indtil sukkeret er absorberet.
c) Anbring i udblødningsbeholder. Tilsæt cognac.
d) Rør, hætte og stejl på et køligt mørkt sted i 2 til 3 måneder.
e) Efter den første gennemvædning hældes gennem en finmasket si.
f) Hæld glycerin i en hævebeholder og placer stofposen inde i sien.
g) Si gennem kluden.
h) Rør med en træske for at kombinere.
i) Stejl i 3 måneder mere.

95.Friske figner curacao

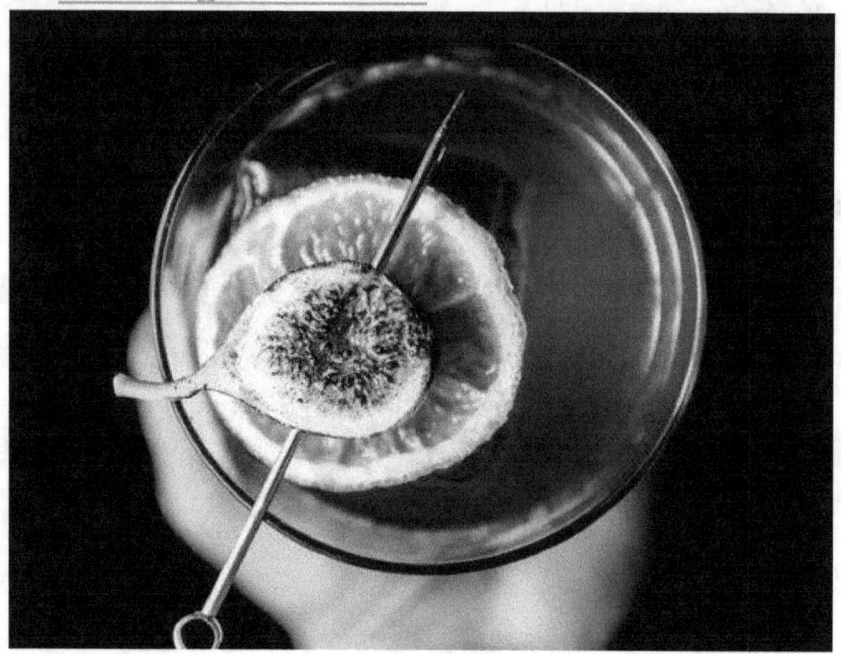

INGREDIENSER:
- 12 figner , skrællet og delt i kvarte
- 1 spsk Cognac
- 1 kop tung fløde, pisket
- ⅓ kop Curacao

INSTRUKTIONER:
a) Mariner fignerne i cognacen i 30 minutter eller længere.
b) Bland fløden og Cura ca.
c) Fold fignerne i.

96. Chai-infunderet Cognac

INGREDIENSER:
- 8 ounces Cognac
- 2 chai teposer

INSTRUKTIONER:
a) Kombiner cognacen med teposerne i en krukke.
b) Stejl i 2 timer.
c) Si over i en lufttæt beholder.

97.Kirsebær-infunderet cognac

INGREDIENSER:
- 33 ounce Cognac
- 0,15 ounce vaniljestang
- 23 ounce søde kirsebær, udstenede
- 7 ounces strøsukker

INSTRUKTIONER:
a) Fyld en to-liters krukke med udstenede søde kirsebær.
b) Tilsæt flormelis, en vaniljestang og cognac.
c) Luk krukken og lad den stå i 2 uger

98.Figen & Grand Marnier likør

INGREDIENSER:
- 1/4 ounce simpel sirup
- 3/4 ounce Grand Marnier
- 1/2 ounce frisk appelsinjuice
- 2 ounce fig-infunderet cognac
- 1/2 ounce frisk citronsaft

INSTRUKTIONER:
a) Kombiner cognac, Grand Marnier, citronsaft, appelsinjuice og simpel sirup.
b) Ryst godt og stejl i et par timer.
c) Sit dobbelt i et glas.

99.Fersken Infunderet Cognac

INGREDIENSER:
- 500 ml Cognac
- 8 hele tørrede ferskner, hakket

INSTRUKTIONER:
a) Læg ferskner i et glas.
b) Hæld cognac i en beholder, rør rundt og læg låg på.
c) Stejl i 24 timer, væk fra lys.
d) Si ferskner ud.

100. Ananas Orange Bitters Likør

INGREDIENSER:
- 1/2 ounce ananas-infunderet Cognac
- 1/4 ounce maraschino likør
- 1 skvæt appelsinbitter
- 1 streg Angostura appelsinbitter

INSTRUKTIONER:
a) Kombiner Cognac, Maraschino likør og appelsinbittere.
b) Rør for at kombinere.
c) Stejl i et par timer.

KONKLUSION

Når vi når de sidste sider af " DEN ULTIMATIV BOTANISKE COCKTAIL GABAY", håber vi, at denne rejse gennem have-til-glas-mixologi har fået dine smagsløg til at prikke af spænding. Verden af botaniske cocktails er et vidnesbyrd om kunsten at fremstille drikkevarer, der ikke kun opfrisker, men også vækker sanserne med naturens essens.

Fra de friske citrusnoter til de aromatiske urter, der danser på din gane, er disse 100 hurtige og nemme opskrifter en fejring af den alkymi, der opstår, når friske ingredienser møder dine yndlings spiritus. Uanset om du har rusket op i disse cocktails til en livlig sammenkomst eller nydt et stille øjebliks eftertanke med en have-infunderet drink i hånden, stoler vi på, at hver slurk har transporteret dig til et sted med botanisk lyksalighed.

Mens du fortsætter din udforskning af have-til-glas-trenden, kan du blive inspireret til at eksperimentere med dine egne kombinationer, hvilket bringer skønheden ved botaniske produkter ind i dine mixologibestræbelser. Her er til utallige flere øjeblikke med klirrende glas, latter og den dejlige smag af naturens gavmildhed i hver tår. Skål for den ultimative botaniske cocktailoplevelse!